3-D WUNDERWELT

NAUMANN & GÖBEL

3-D Wunderwelt

3-D-Motive: Rincón[2], Köln
Gesamtherstellung: Naumann & Göbel Verlagsgesellschaft, Köln

ISBN 3-625-10107-6

Einleitung zur 3-D-Wunderwelt

Wenn Sie diese Einleitung gelesen haben, werden Sie in der Lage sein, sich zurückzulehnen und sich auf eine wunderbare Reise in die geheimnisvolle Wunderwelt der verborgenen Bilder zu begeben. Bitte erlauben Sie uns, bevor wir Ihnen zeigen, wie Sie ein völlig neuartiges Phänomen entdecken, ein paar Vorbemerkungen.

Das Kaleidoskop aus dem Computer
Sicher erinnern Sie sich an ein einfaches, aber umso reizvolleres Kinderspielzeug - das Kaleidoskop - mit dem schon unsere Großeltern spielten. Im Grunde eine, in seiner Einfachheit kaum zu übertreffende Idee: eine simple Papprolle, an einem Ende mit zwei runden Glasfenstern abgeschlossen, zwischen denen sich bunte Splitter bewegten, am anderen Ende mit einem Guckloch versehen. Stundenlang konnten sich nicht nur Kinder mit diesem Zauberding beschäftigen, in dem bei jedem Dreh immer wieder neue Figurationen auftauchten. Das Kaleidoskop des ausgehenden 20. Jahrhunderts heißt 3-D-Wunderwelt, und seine Wurzeln liegen, wie bei vielen Innovationen unserer Tage, in Japan. Dort und in den USA wurden, unter Zuhilfenahme des Computers, die ersten 3-D-Bilderbücher entwickelt; eine aus dem Spieltrieb des Menschen resultierende Zufallsentwicklung. Inzwischen haben sie einen phantastischen Siegeszug um die ganze Welt angetreten. Sie wurden in vielen Ländern zu Kultbüchern und überall zu Bestsellern. Die Ursache hierfür werden Sie selbst rasch erkennen.

Vor dem Start

Bevor Sie sich nun den einzelnen Bildern zuwenden, bitten wir Sie, folgendes unbedingt zu beachten:

• Fangen Sie mit der Betrachtung allein und ohne jedes Publikum, auch wenn es Ihr Ehepartner ist, an.

• Sorgen Sie für eine ruhige und entspannte Umgebung und für gute Lichtverhältnisse.

Es gibt zwei Methoden, in die Geheimnisse der 3-D-Wunderwelt einzusteigen.
Wir empfehlen zuerst:

Die Parallel-Methode

Weil diese sehr effizient und vor allem einfacher zu erlernen ist als die später geschilderte Schiel-Methode. Das gesamte Bildmaterial dieses Buches wurde für die Parallel-Methode konzipiert.

•Sie führen das Buch exakt mit der Mitte des einzelnen Bildes an Ihre Nasenspitze. Diese muß das Buch berühren.

• Versuchen Sie, sich auf jeden Fall davon freizumachen, daß dies eventuell albern aussehen könnte, denn das lenkt Sie ab und schon funktioniert das Ganze nicht mehr. Denken Sie daran, daß vor Ihnen bereits Millionen und Abermillionen Menschen der Faszination dieser Bilder erlegen sind.

• Halten Sie nun mit jedem Auge einen Punkt des Bildes fest. Sie müssen diese Punkte förmlich anstarren, als würden Sie zwei Löcher in das Buch gucken. Dies ist außerordentlich wichtig.

• Sobald Sie diese Punkte fixiert haben, bewegen Sie das Buch langsam von der Nase weg. Dies kann gar nicht langsam genug geschehen - Ihre Geduld wird dabei auf eine harte Probe gestellt. Aber lassen Sie sich durch nichts irritieren.

• Bis Sie das Bild 30 bis 40 Zentimeter von Ihrer Nasenspitze entfernt halten, sollte bei einem Anfänger eine halbe Minute vergehen. Später, als 3-D-Profi, können Sie das natürlich schneller. Aber bitte, seien Sie zunächst einmal geduldig und vor allem: geben Sie nicht zu früh auf.

Resignation ist auch nach vielen Versuchen nicht angebracht. Wenn Sie es nicht gleich am ersten Abend schaffen, so verzweifeln Sie nicht. Wir Menschen sind mit unterschiedlichen Talenten ausgestattet und erzwingen kann man bestimmte Fähigkeiten, insbesondere solche, die Geduld und Entspannung voraussetzen, mit Sicherheit nicht. Nehmen Sie das Buch am Wochenende, wenn Ihre Augen noch frisch sind und nicht den ganzen Tag arbeitsbedingt angestrengt wurden, noch einmal zur Hand. Es macht auch wenig Sinn, nach einem langen Fernsehabend in die 3-D-Wunderwelt einzusteigen. Wenn Sie die Kunst, die Bilder hinter den Bildern zu entdecken, erst einmal beherrschen, kann das immer wieder aufs Neue faszinierende Seh-Erlebnis nahezu zu jeder Zeit und an jedem Ort wiederholt werden.

Die Schiel-Methode

möchten wir Ihnen am liebsten gar nicht empfehlen. Denn sie ist zum einen anstrengender für die Augen als die Parallel-Methode, sie ist auch schwerer zu erlernen und wird daher auf Anhieb nur von Leuten mit einem sehr deutlichen Sehfehler beherrscht. Unser Buch ist auf hochwertigem Hochglanzpapier gedruckt und dies hat seinen Sinn.

• Denn bei der Schiel-Methode müssen Sie das Buch so auf den Tisch legen oder in den Händen halten, daß Sie deutlich an einem Punkt eine Lichtreflexion merken.

• Diese Reflexion fassen Sie nun ins Auge und starren, wie auch bei der Parallel-Methode, auf diesen einen Punkt, als beabsichtigten Sie, mit den Augen ein Loch in das Buch zu bohren. Auch hier ist es wieder wichtig, Geduld aufzubringen, denn es wird einige Zeit vergehen, bis sich vor Ihrem Auge, wie auch bei der Parallel-Methode, ein 3-D-Bild entwickelt.

Am Schluß des Buches finden Sie Auflösungsbilder, die Ihnen die verborgenen Motive zeigen. Wir bitten Sie, sich diese nicht vorher anzuschauen, denn Sie nehmen sich so einen großen Teil des Vergnügens. Die Interpretation des Gesehenen hat auch viel mit Ihrer individuellen Phantasie und Ihrer Kreativität zu tun.

Wir wünschen Ihnen viel Erfolg und viel Vergnügen mit der geheimnisvollen Magie der 3-D-Wunderwelt.

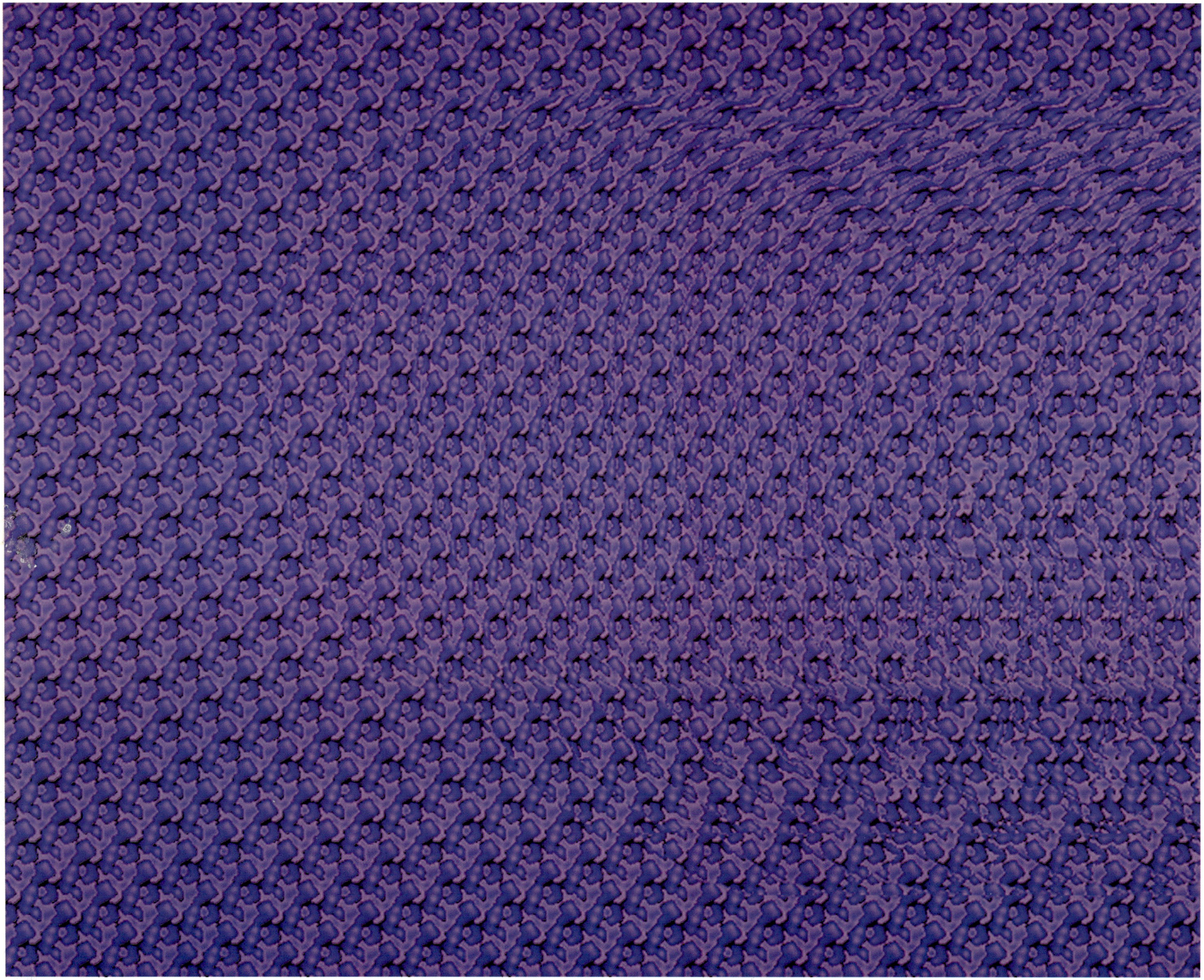

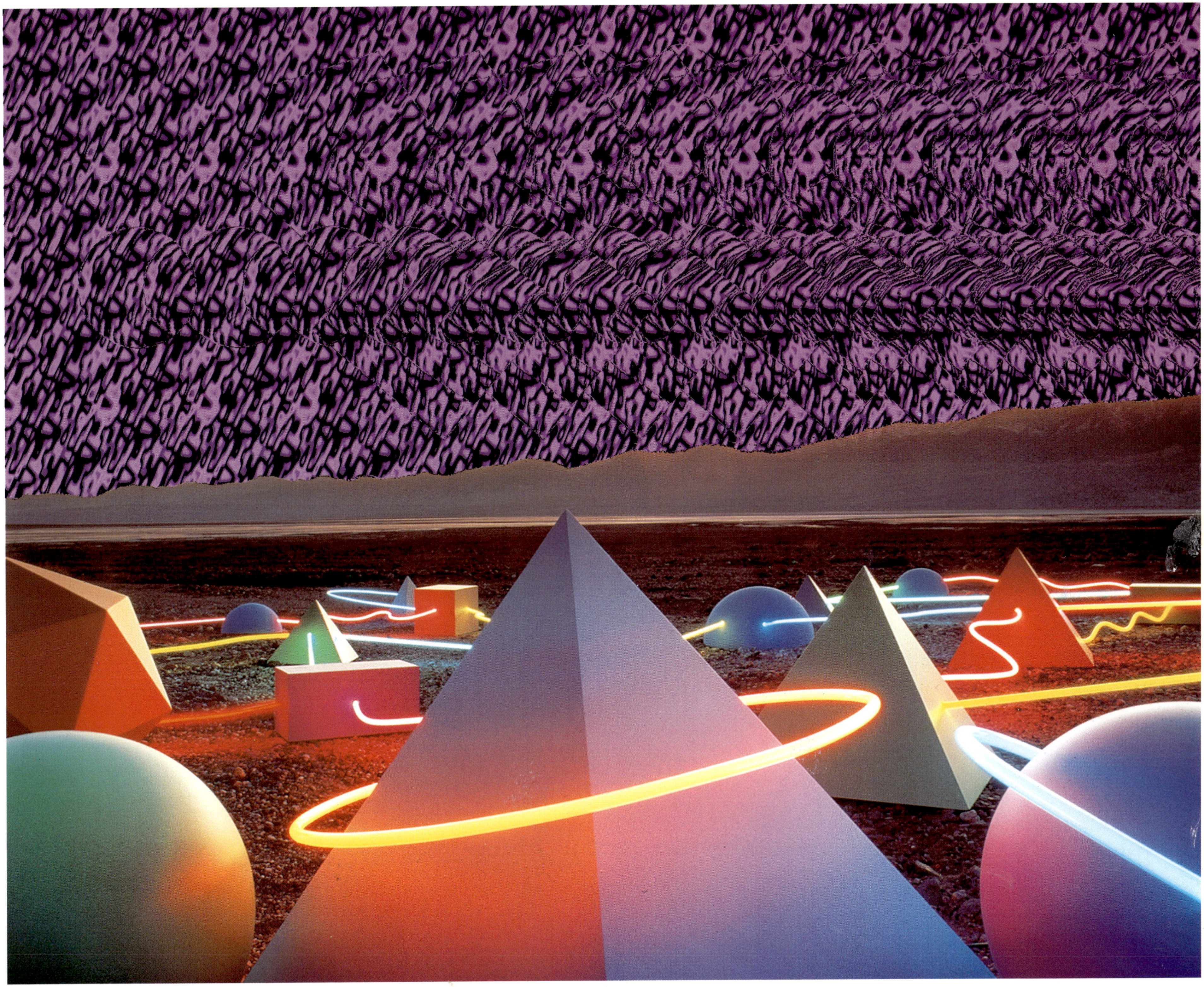

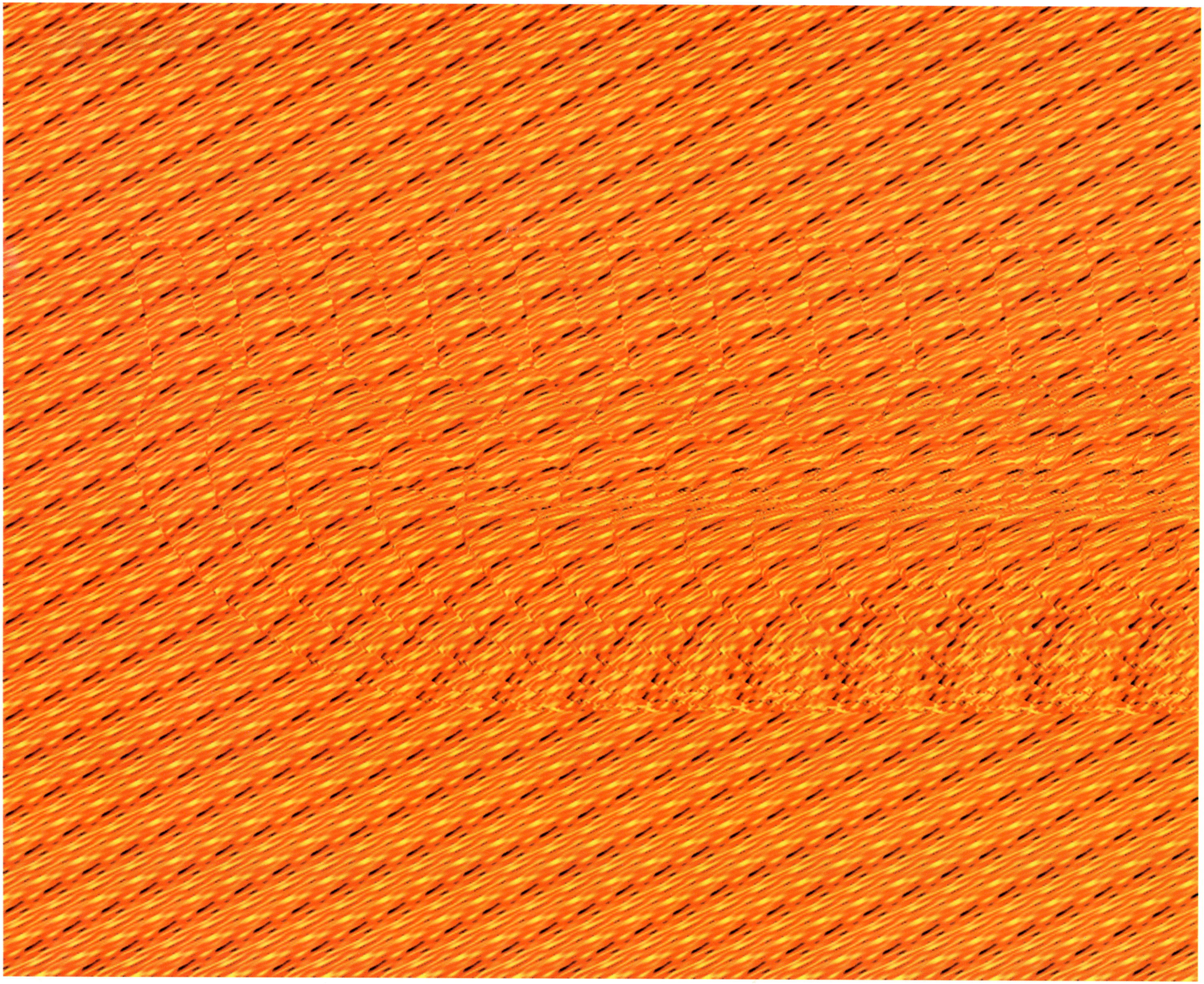

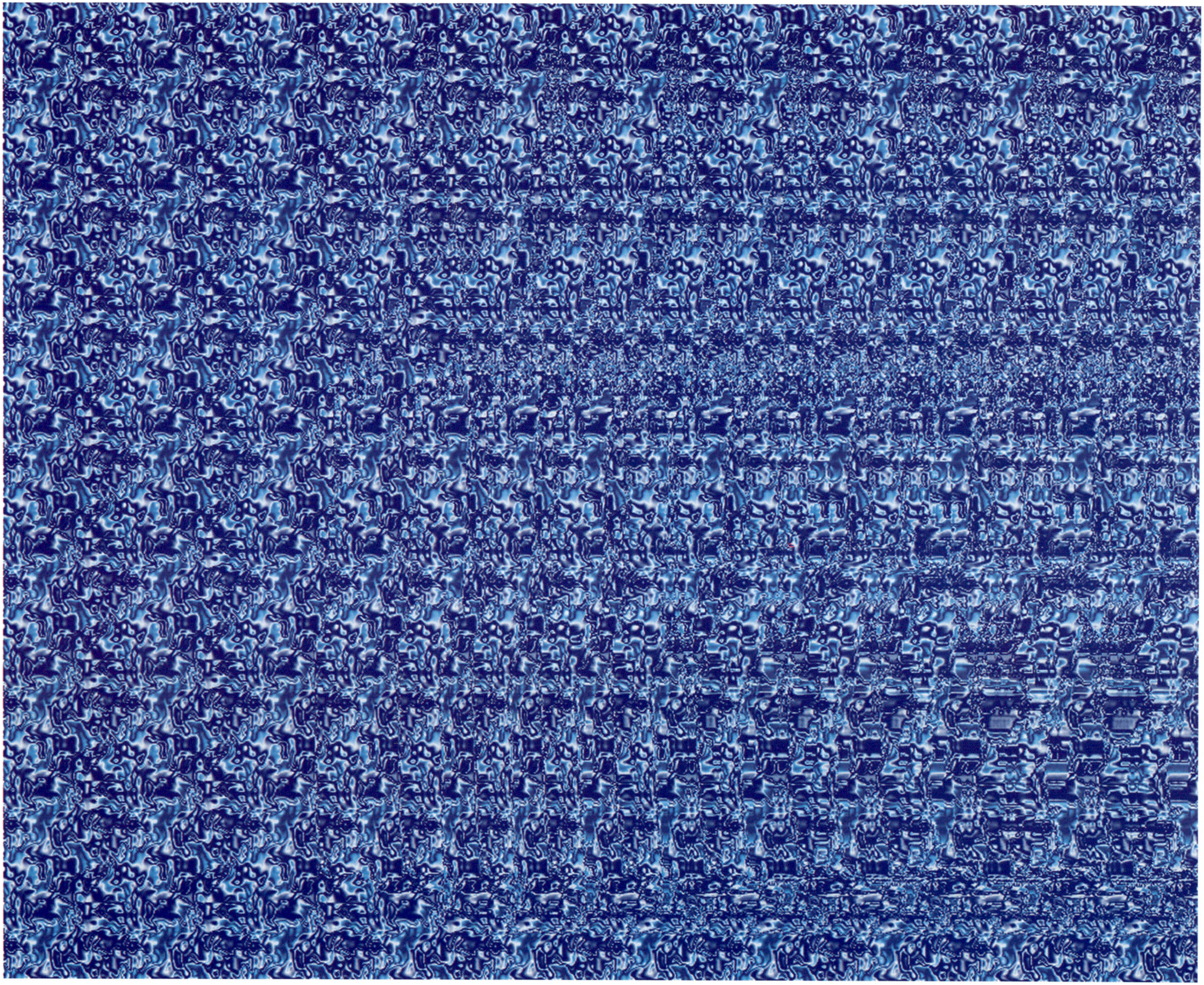

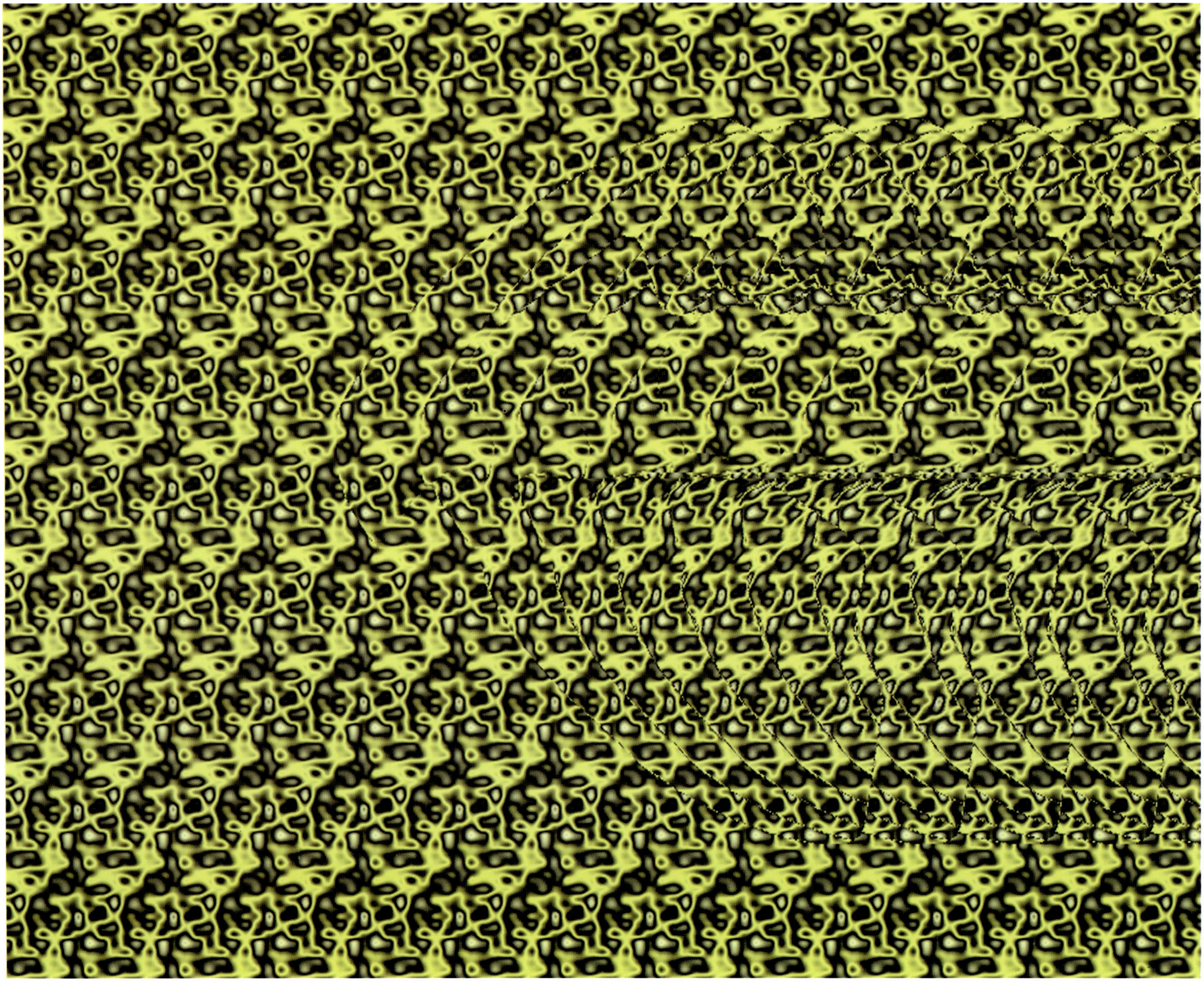

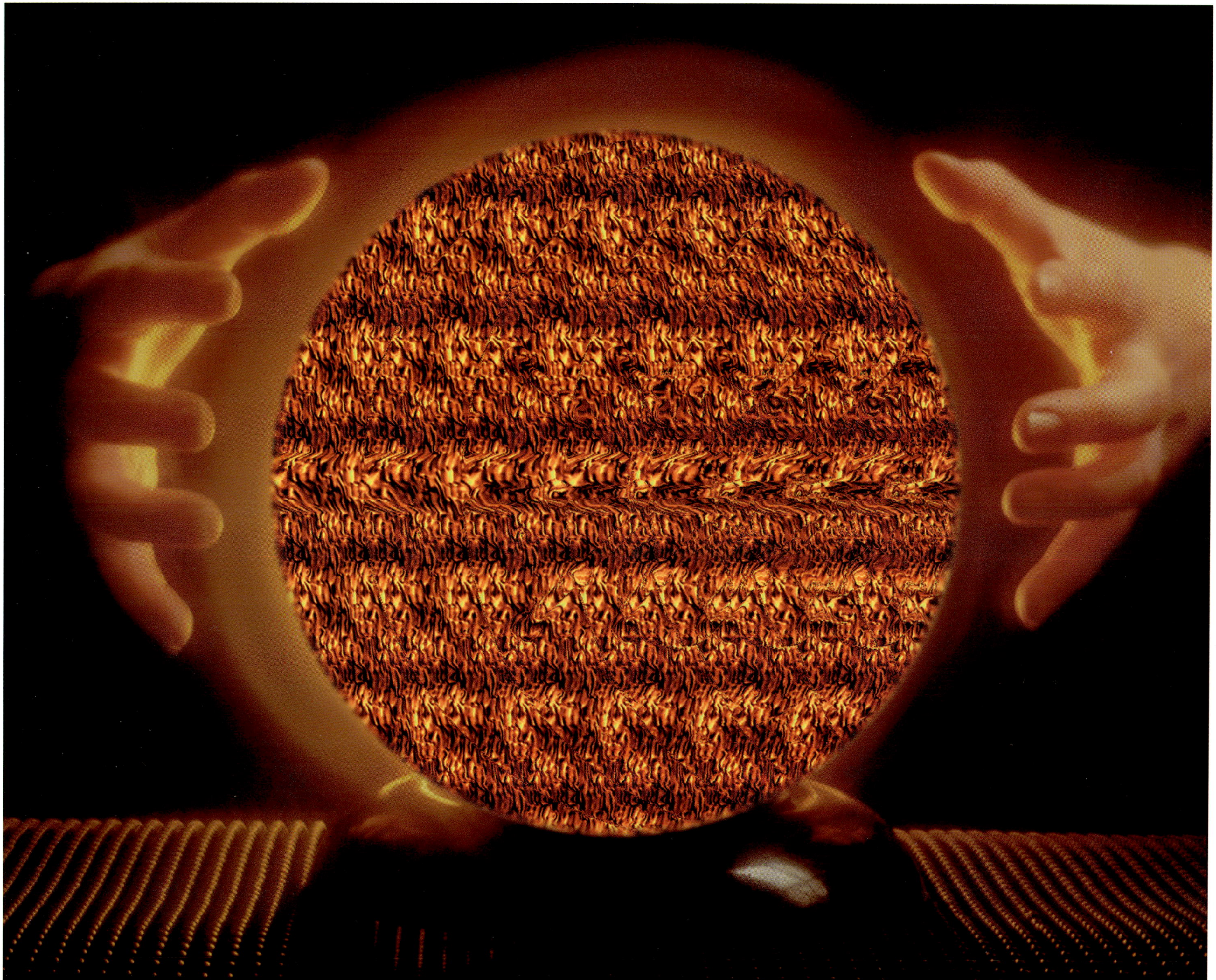

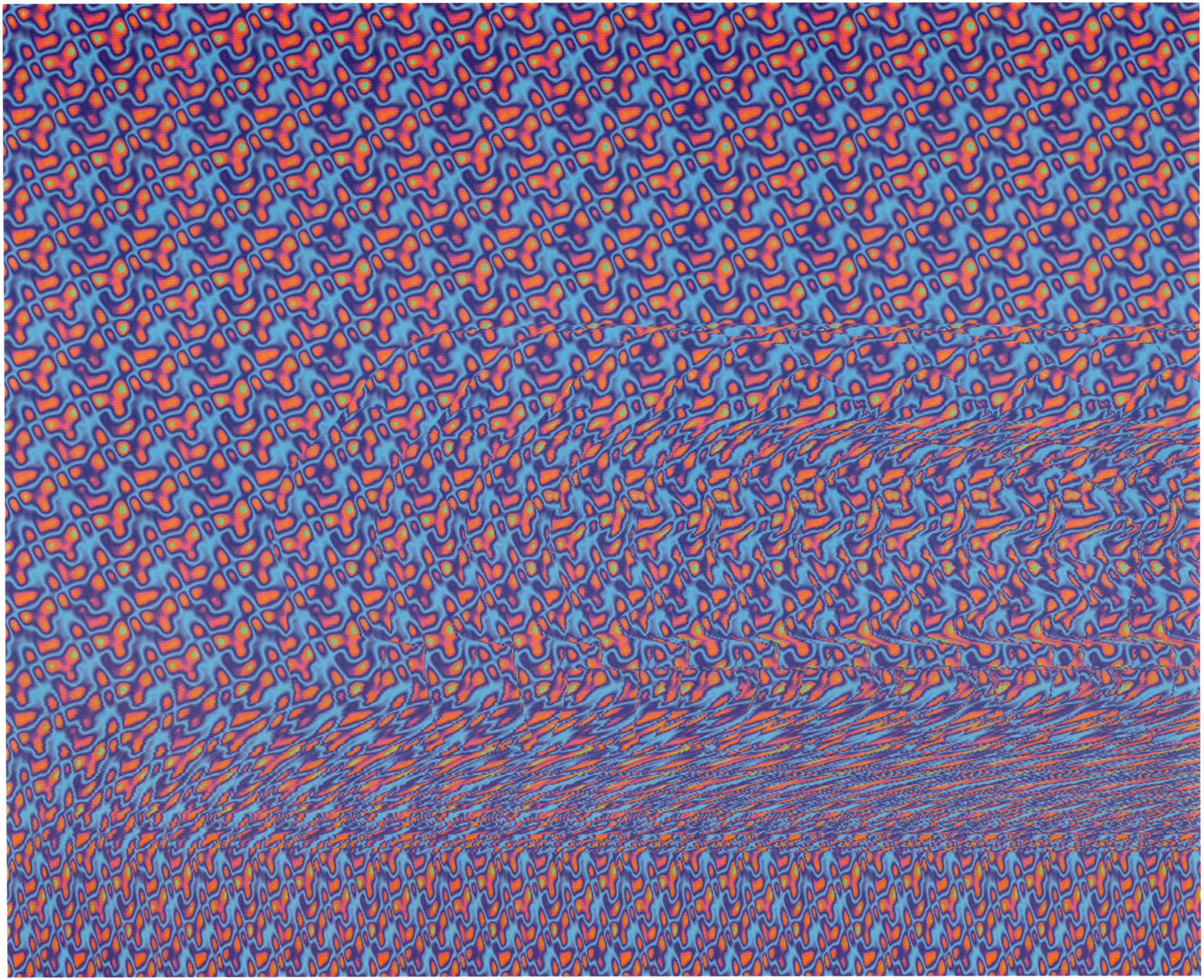

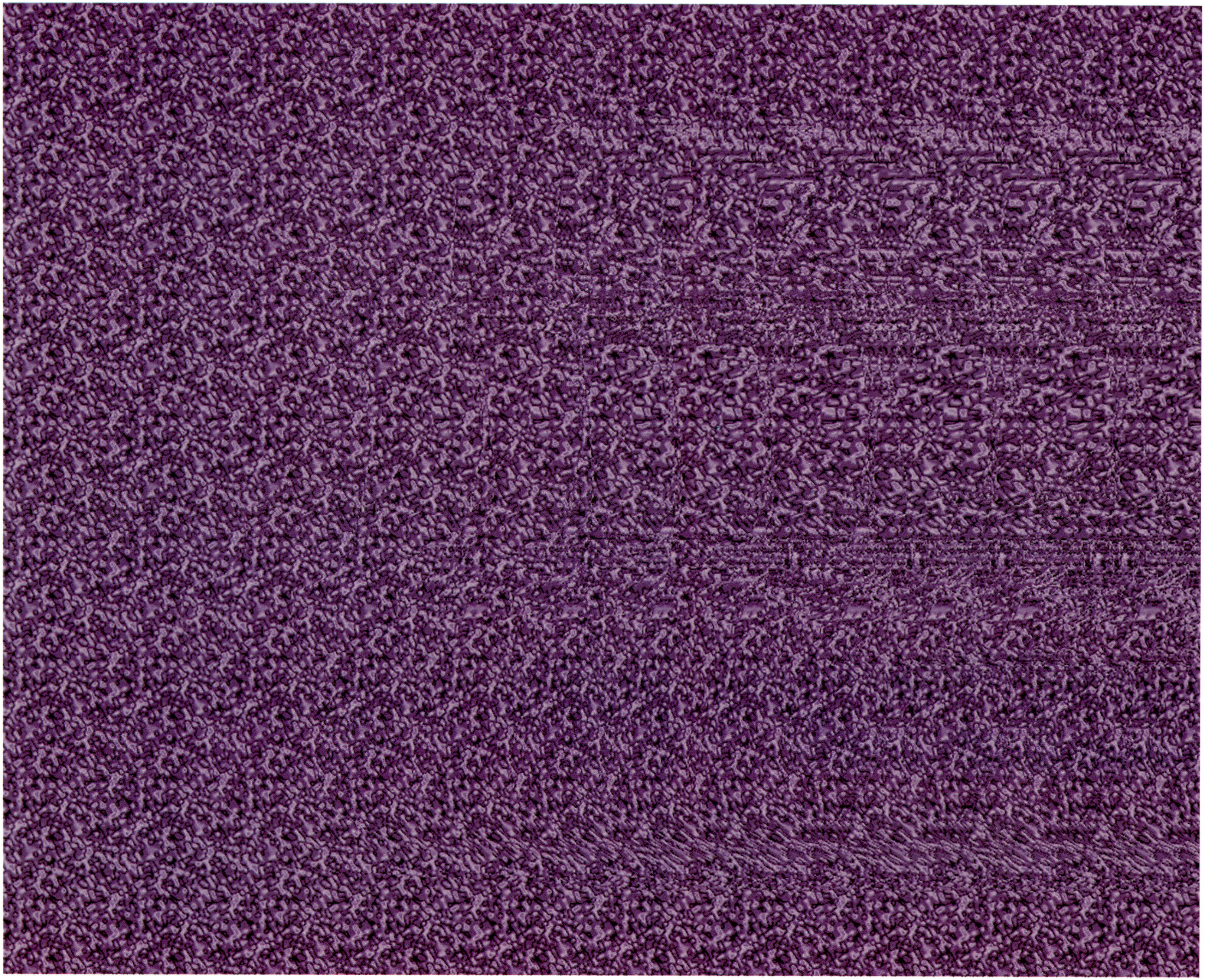

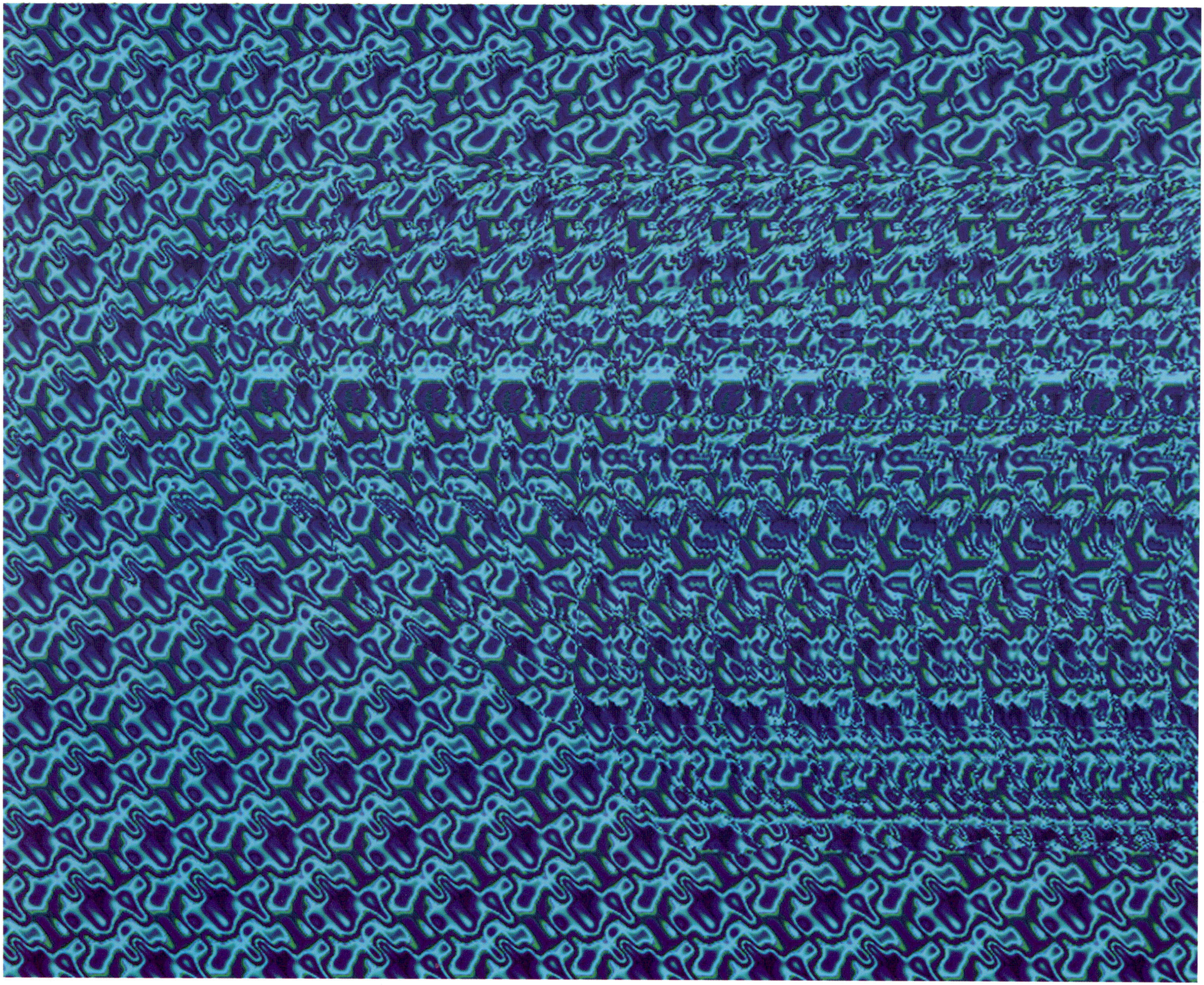

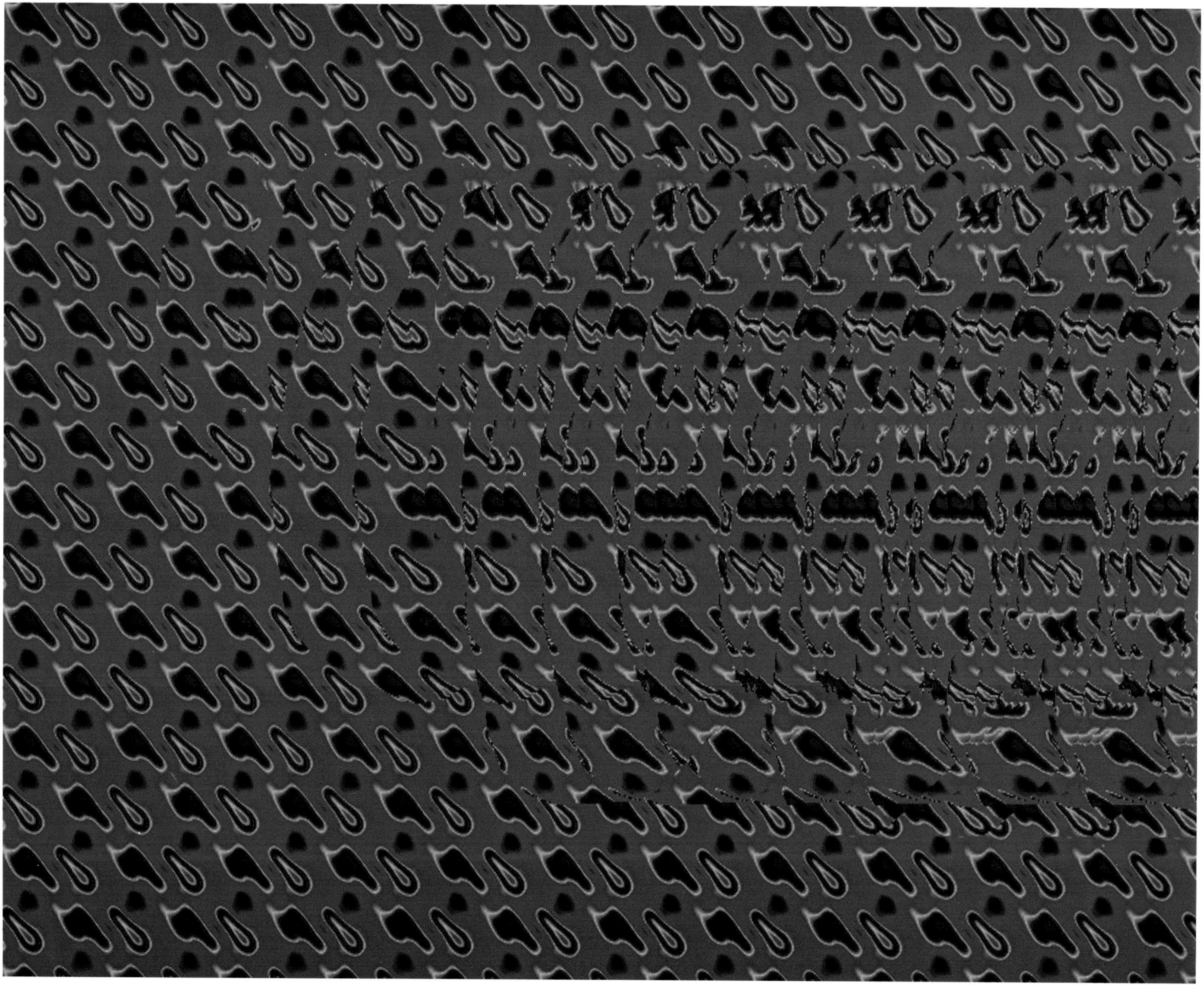

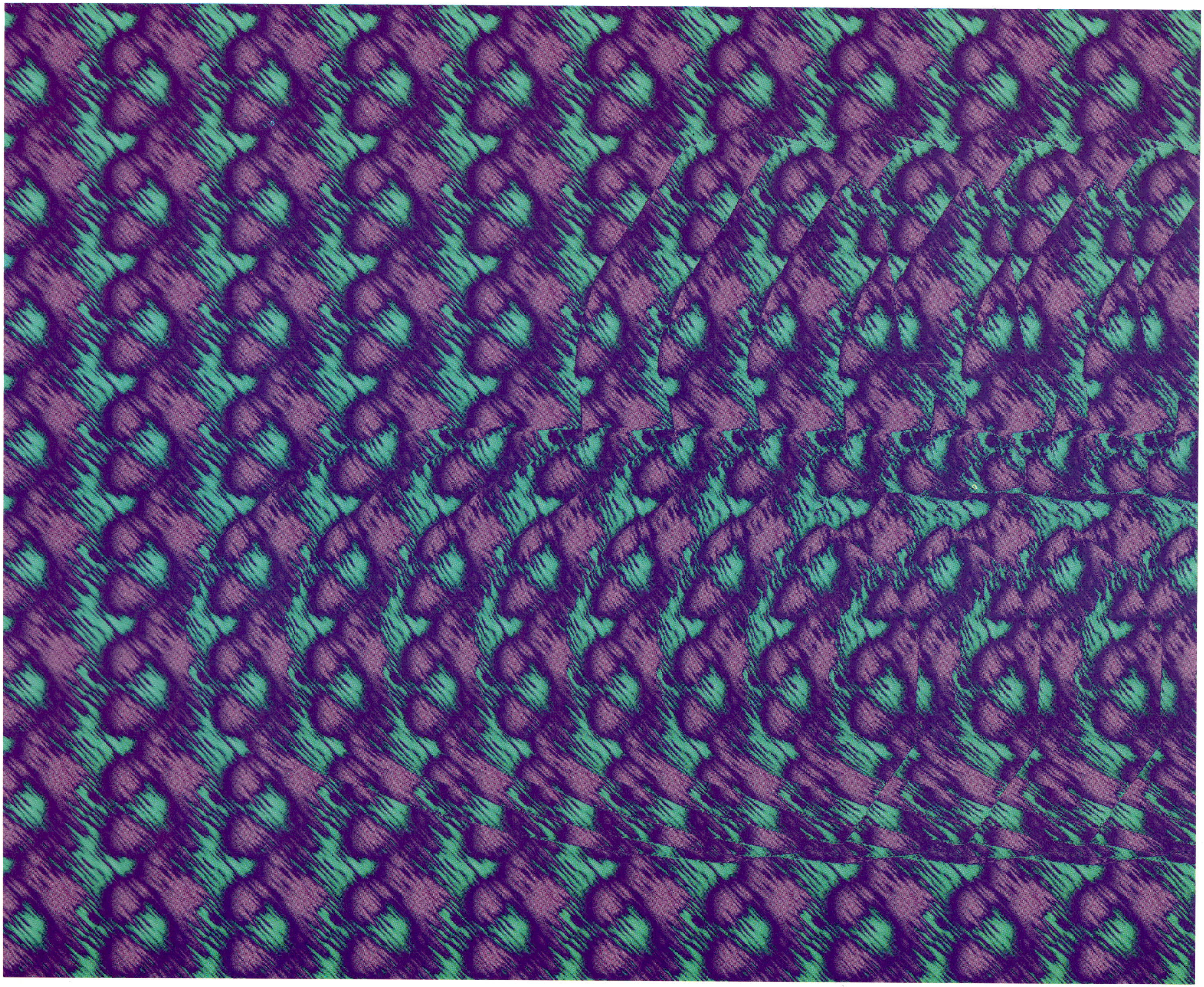

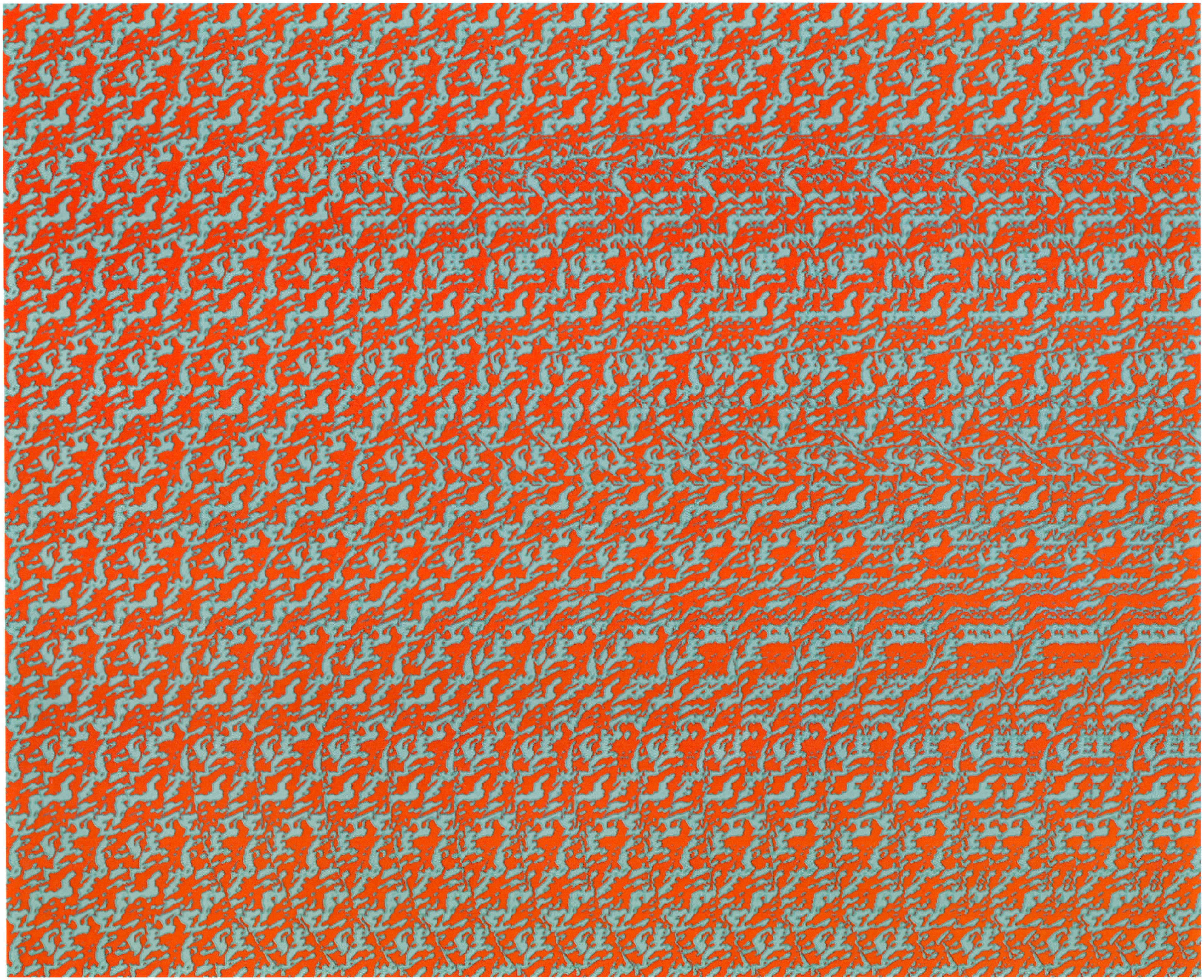

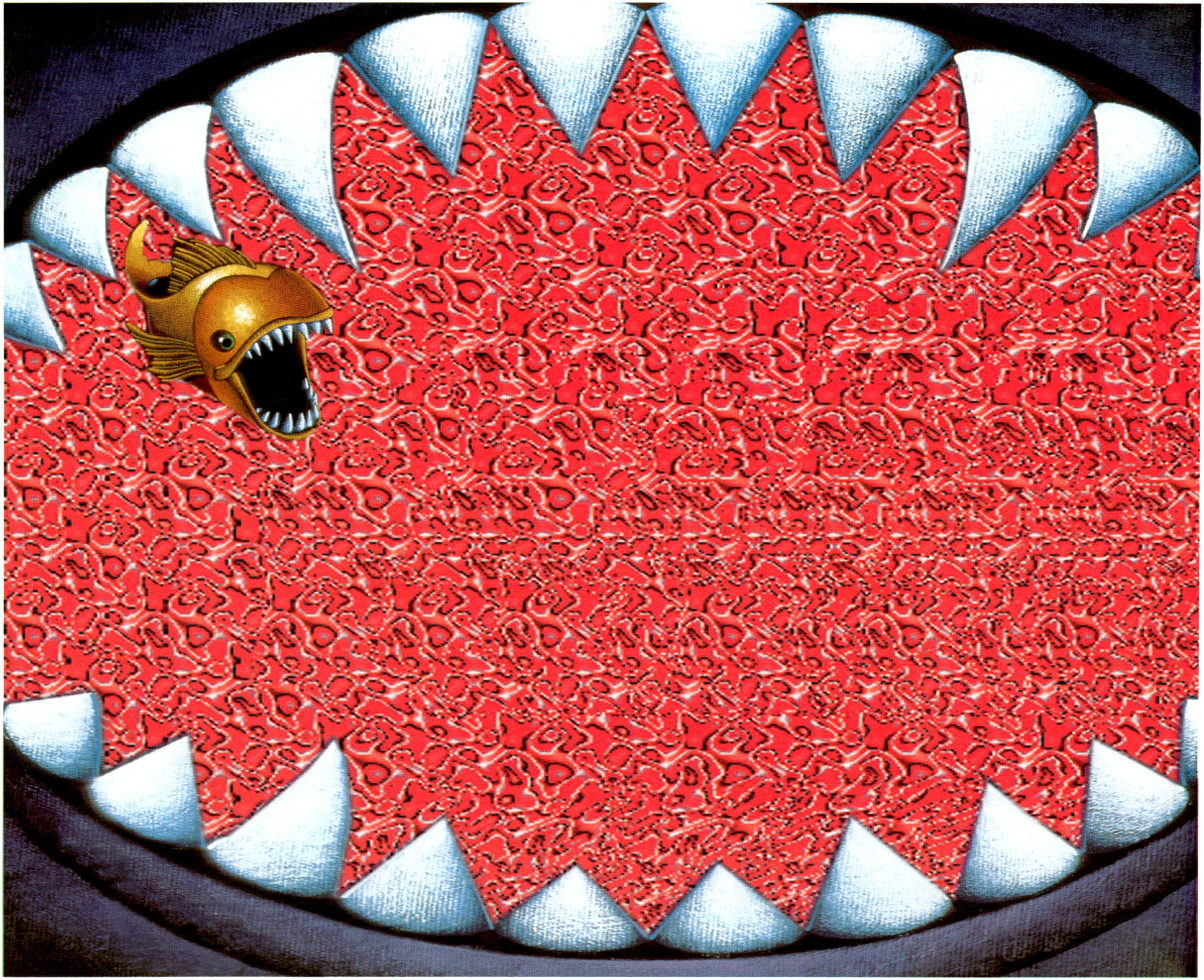

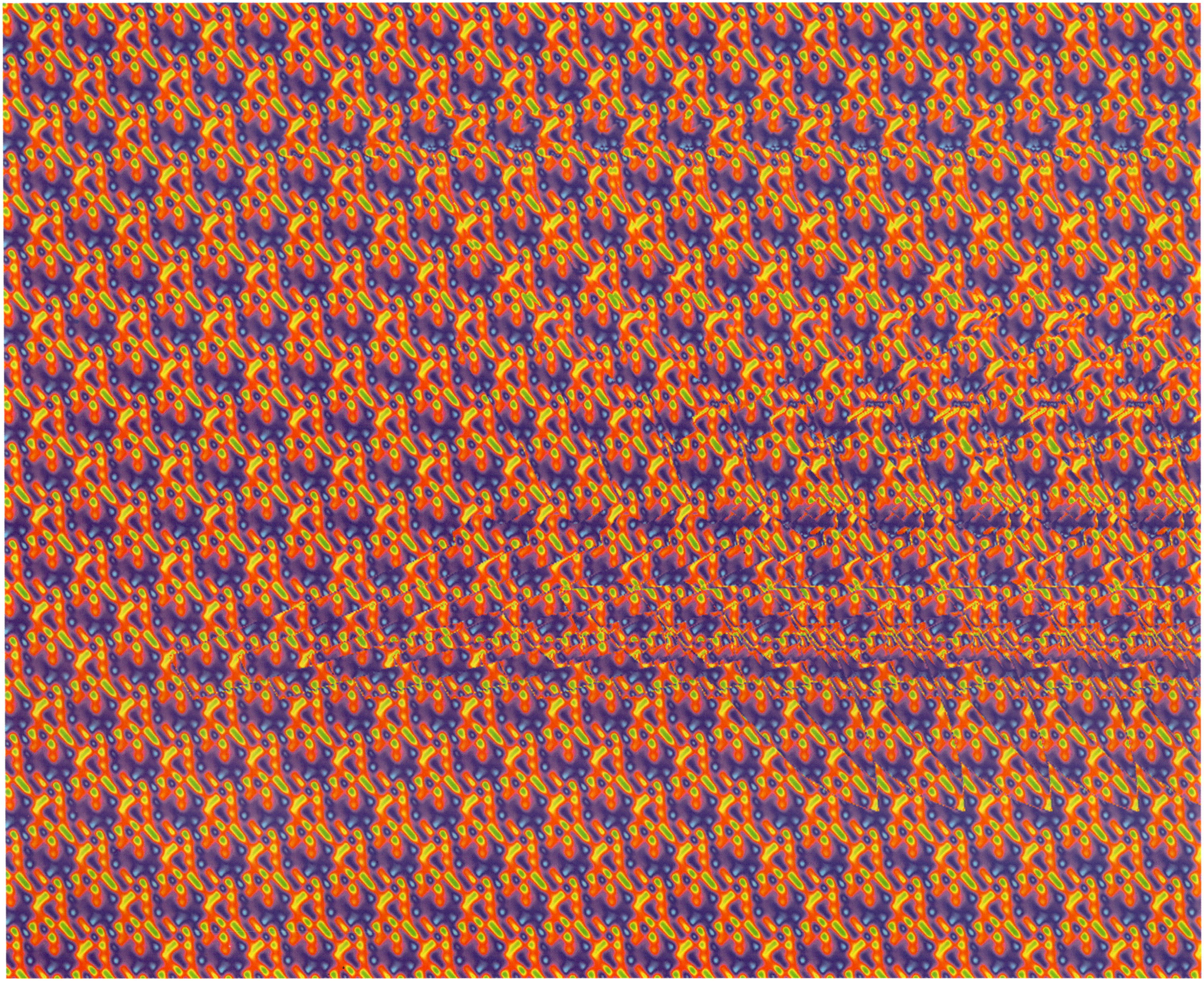

B
A

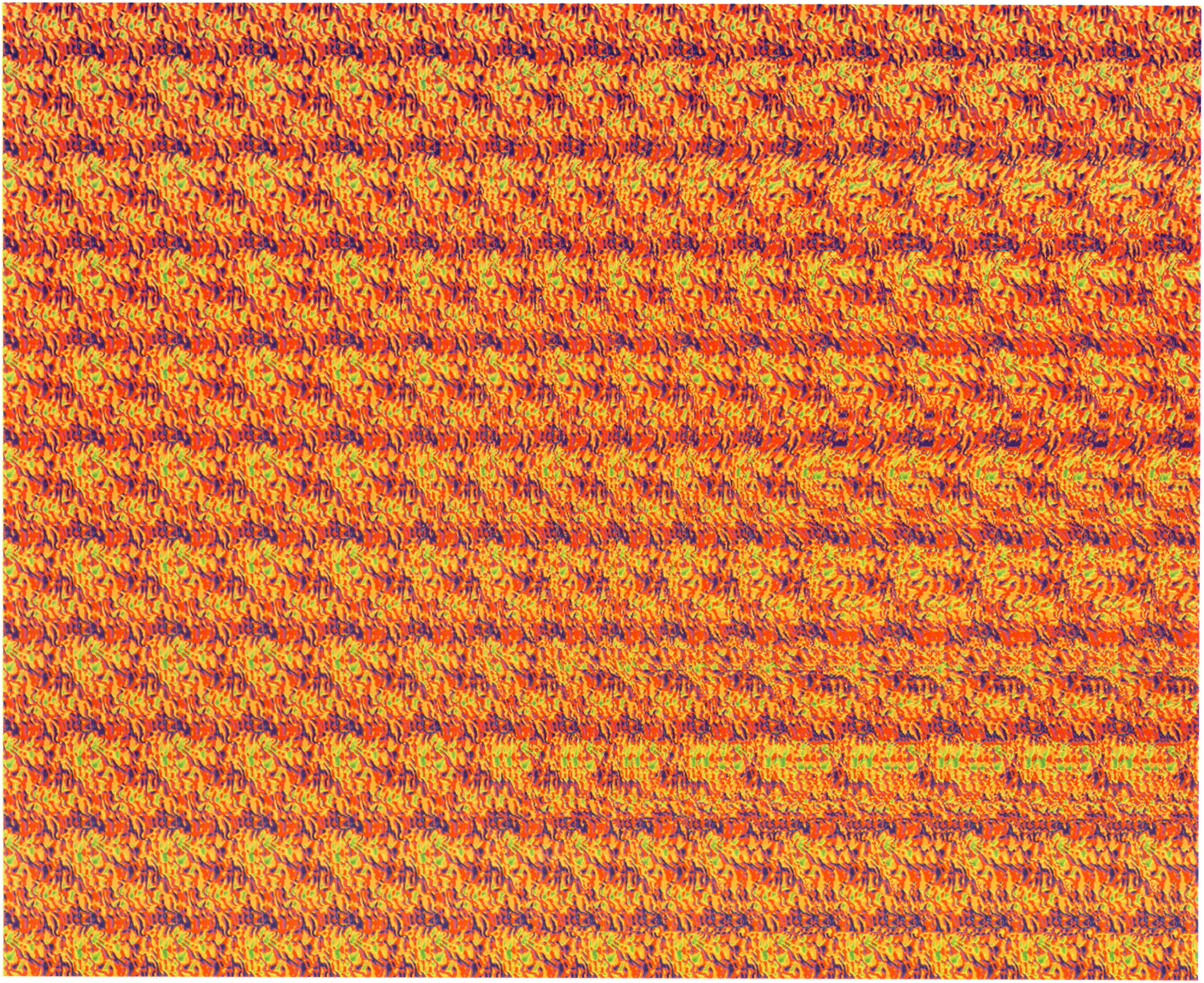

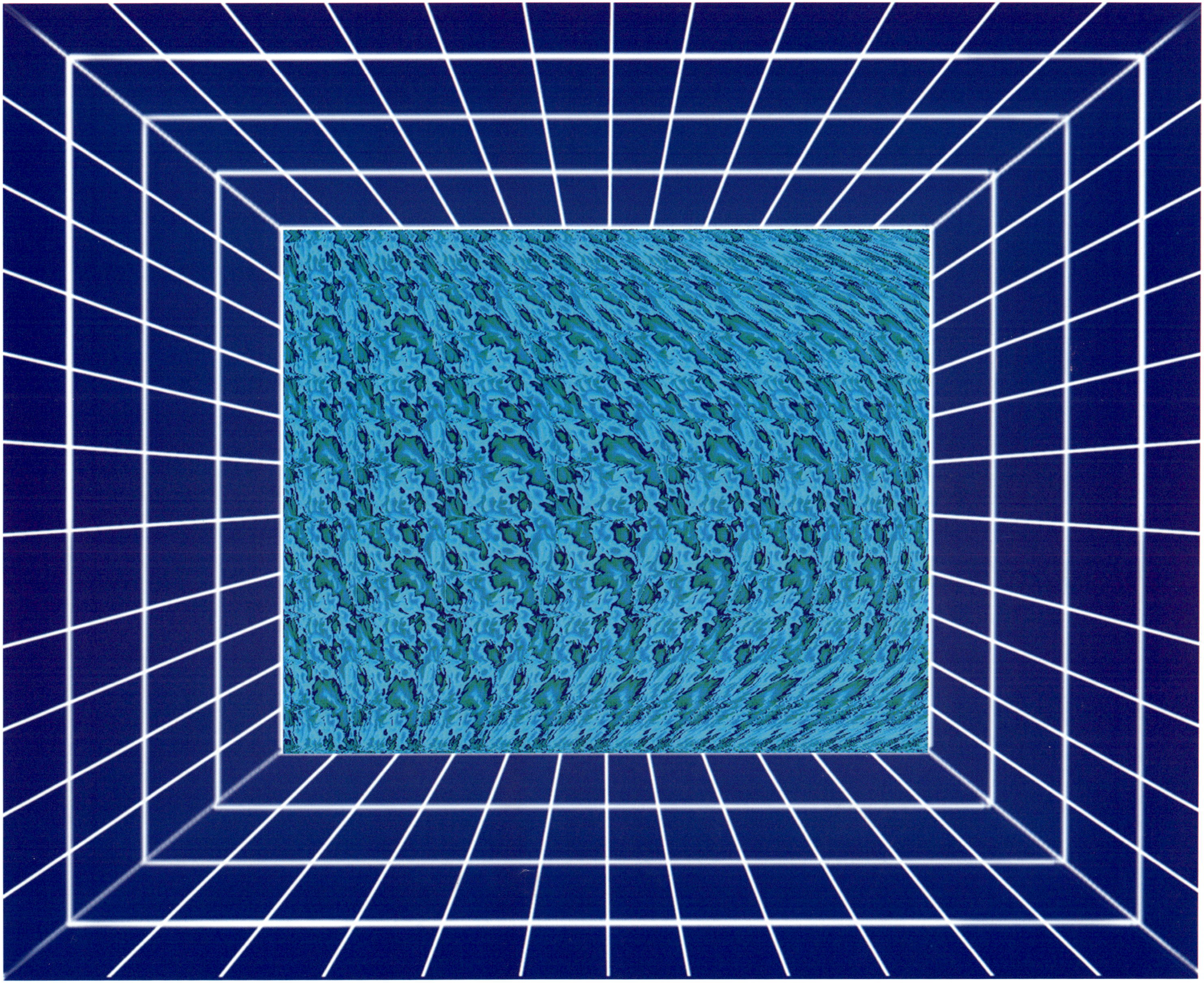

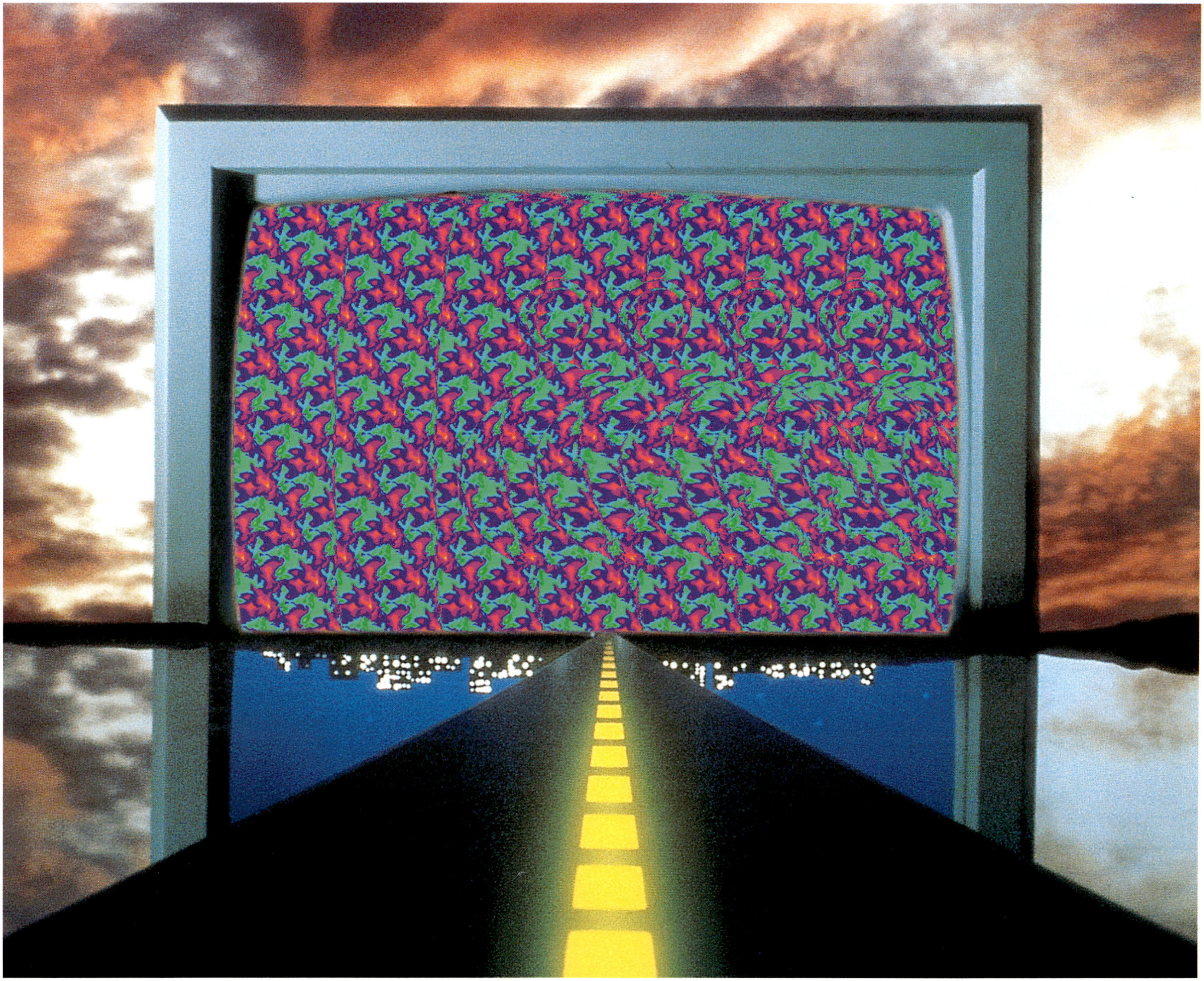

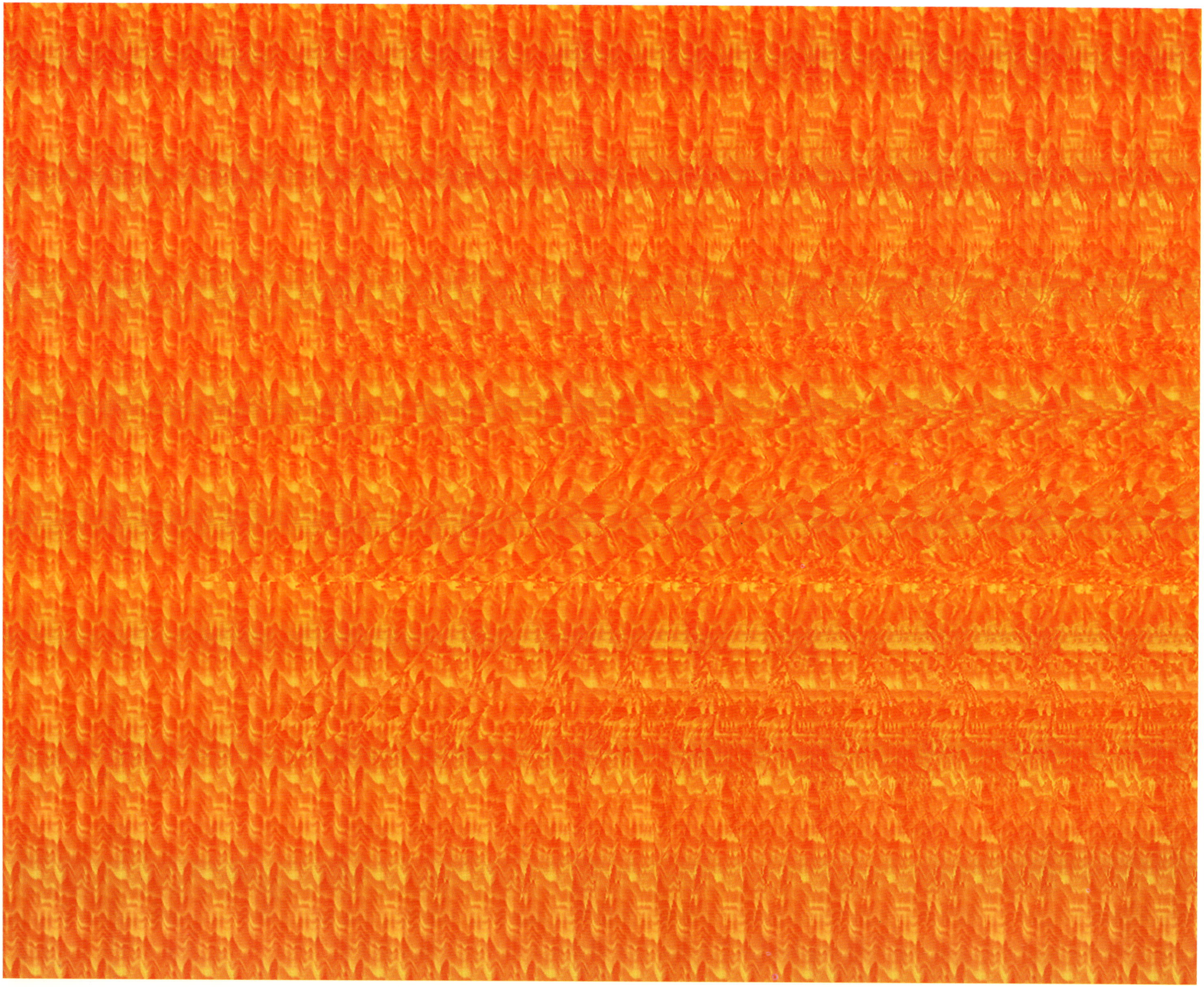

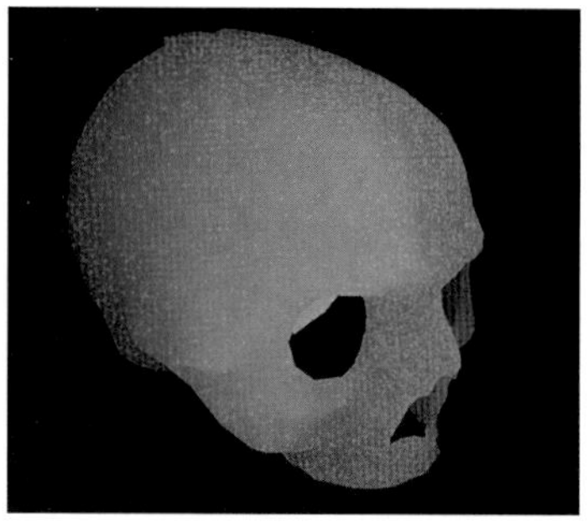

Seite 8

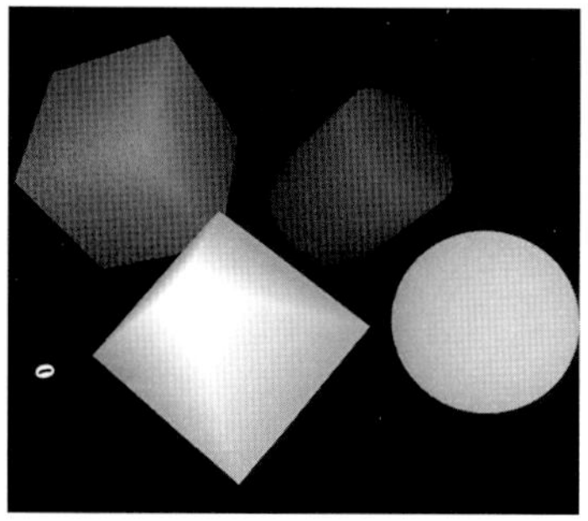

Seite 9

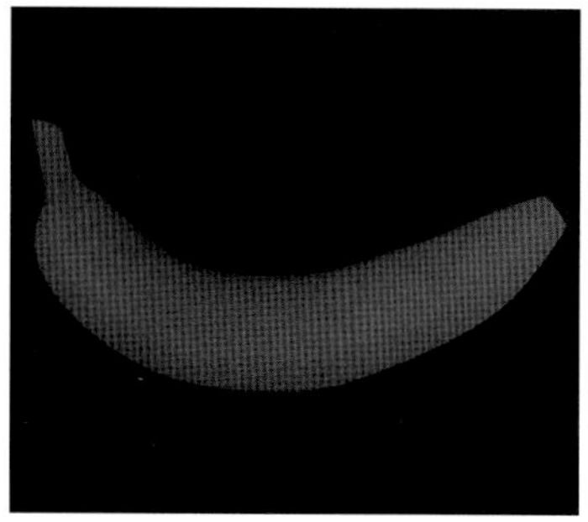

Seite 10

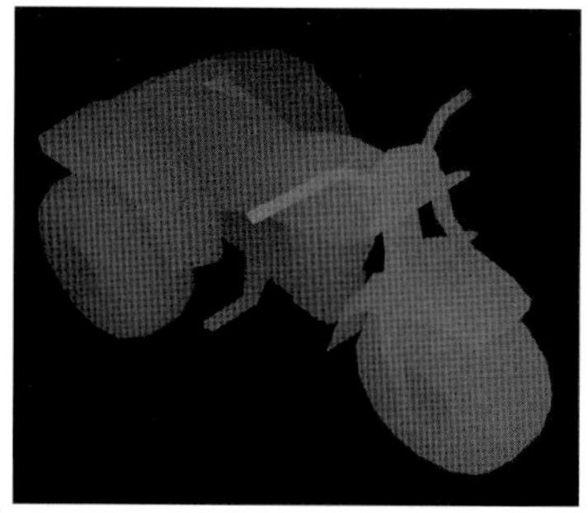

Seite 11

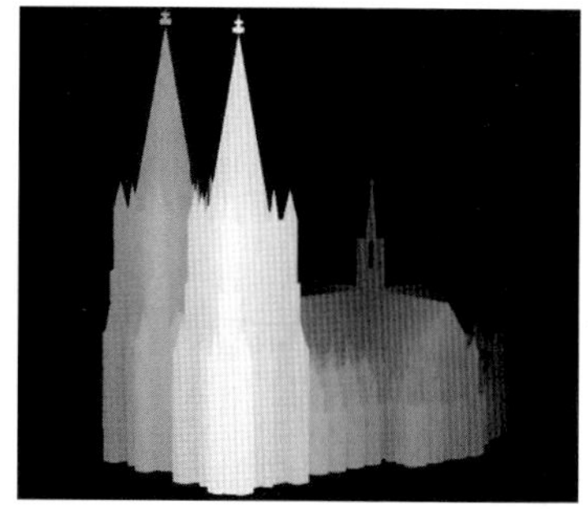

Seite 12

Seite 13

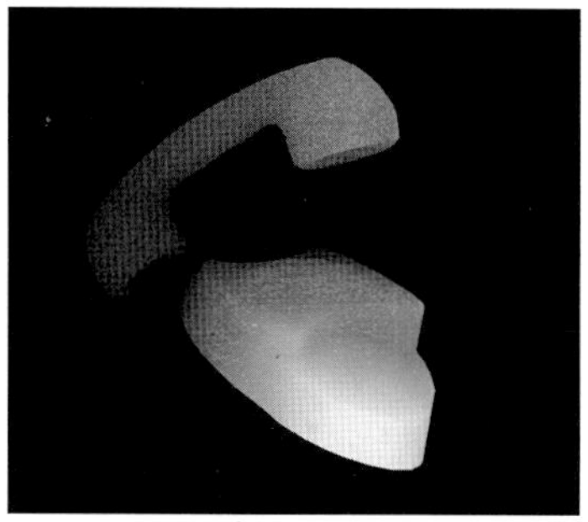

Seite 14

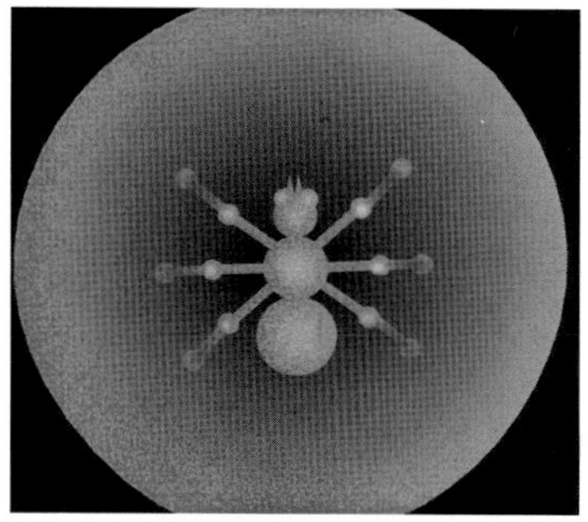

Seite 15

Seite 16

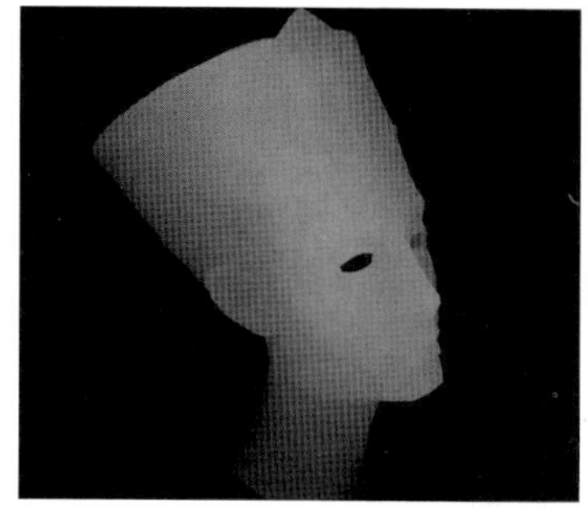

Seite 17

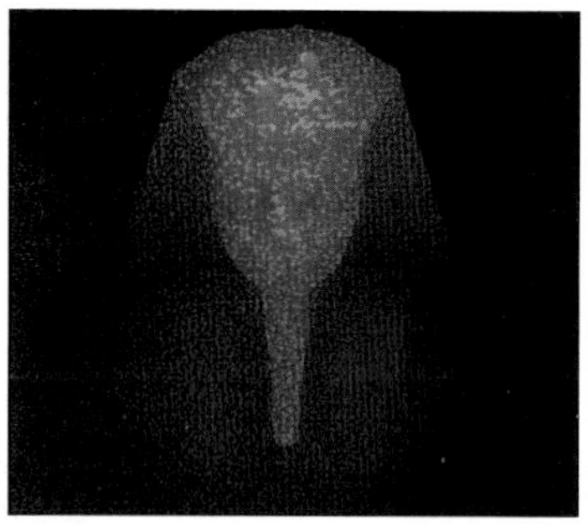

Seite 18

Seite 19

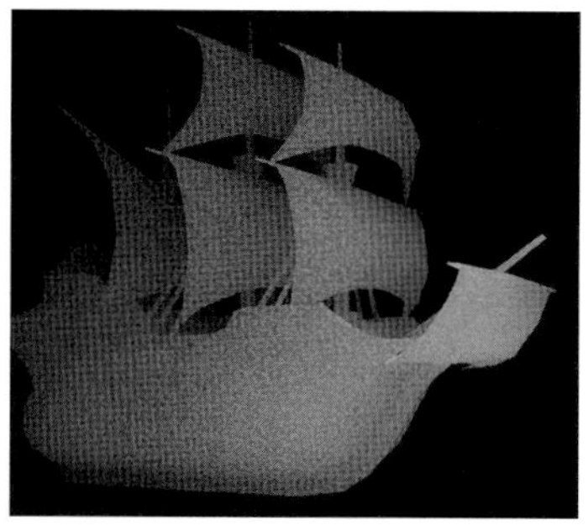

Seite 20

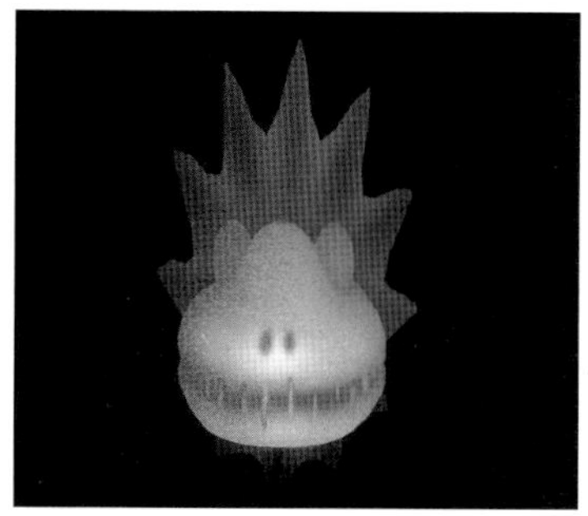

Seite 21

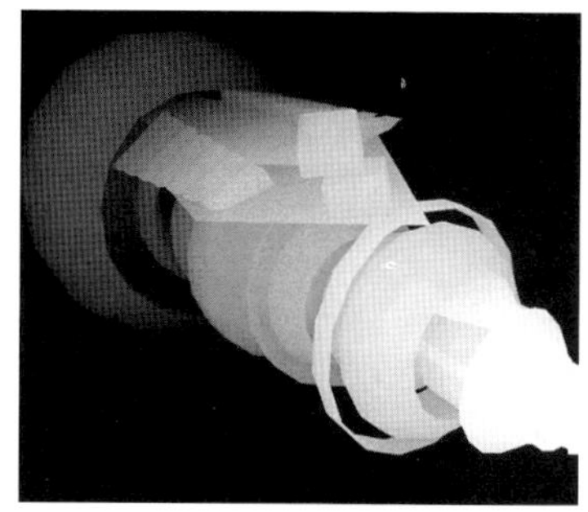

Seite 22

Seite 23

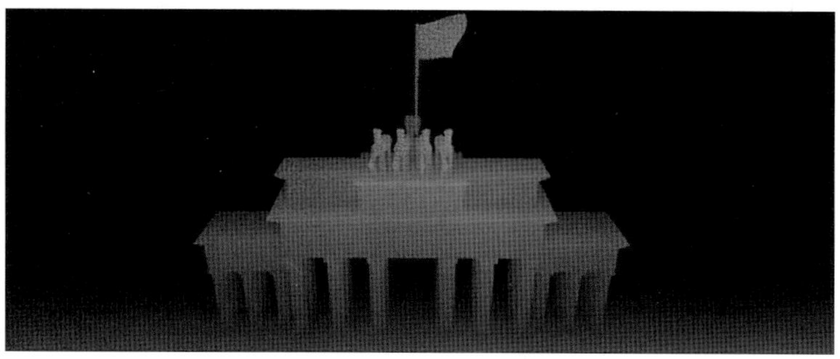

Seite 24/25

Seite 26

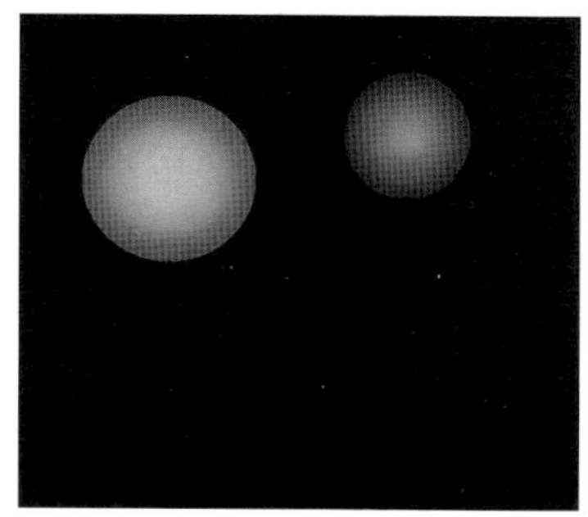

Seite 27

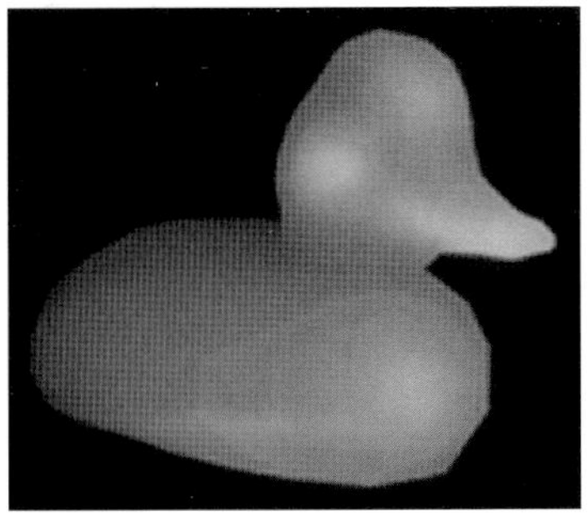
Seite 28

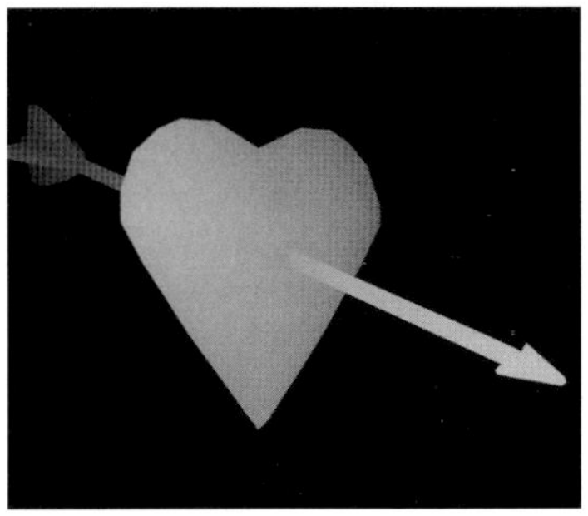
Seite 29

Seite 30

Seite 31

Seite 32

Seite 33

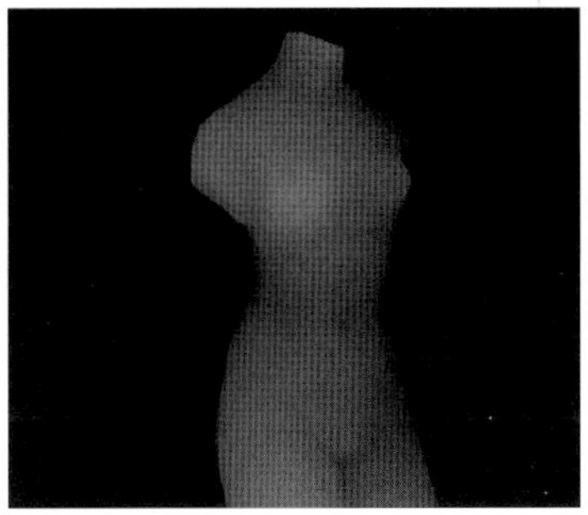
Seite 34

Seite 35

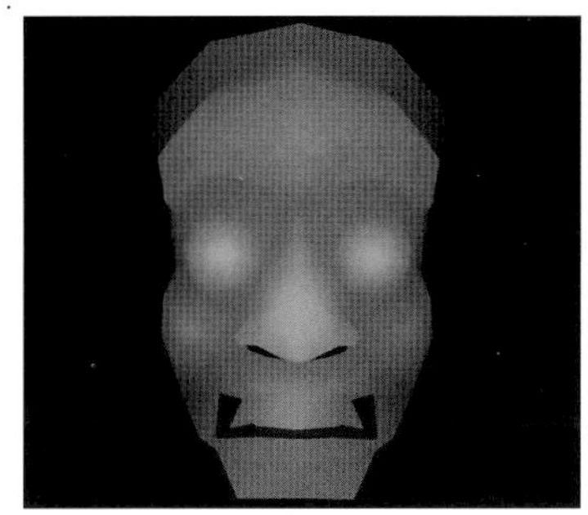
Seite 36

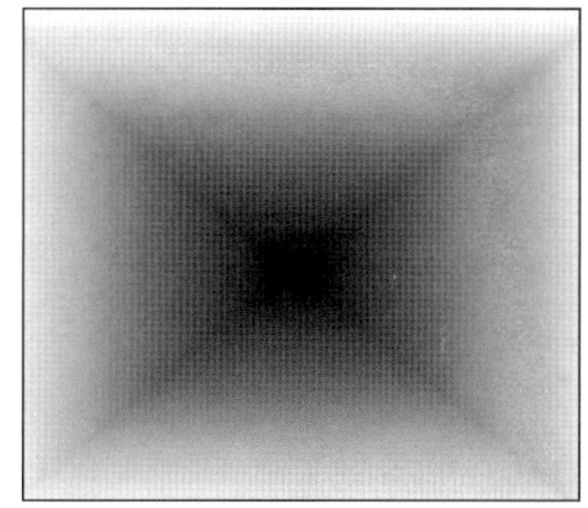
Seite 37

Seite 38

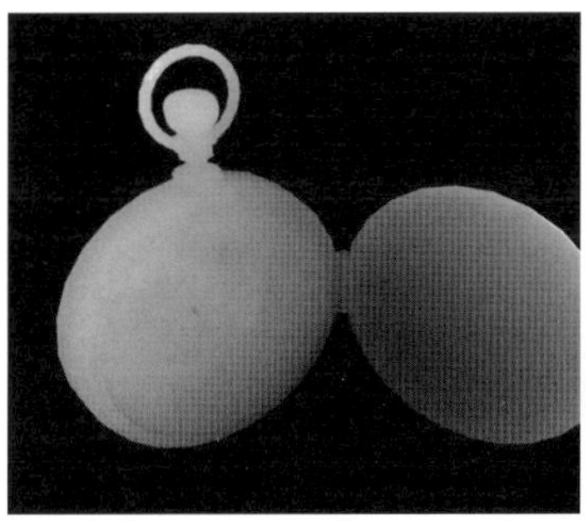
Seite 39

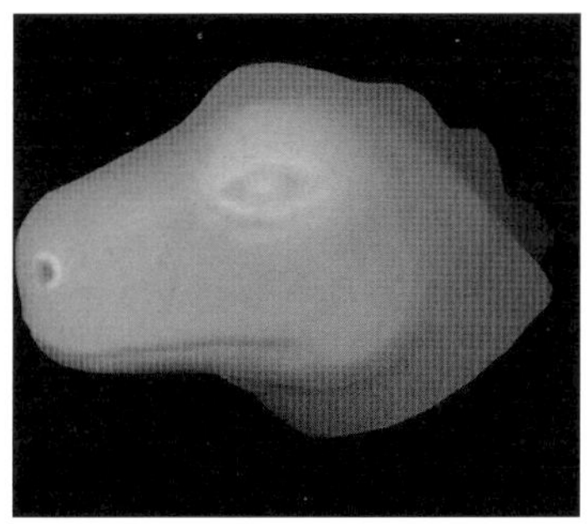
Seite 40

Seite 41

Seite 42

Seite 43

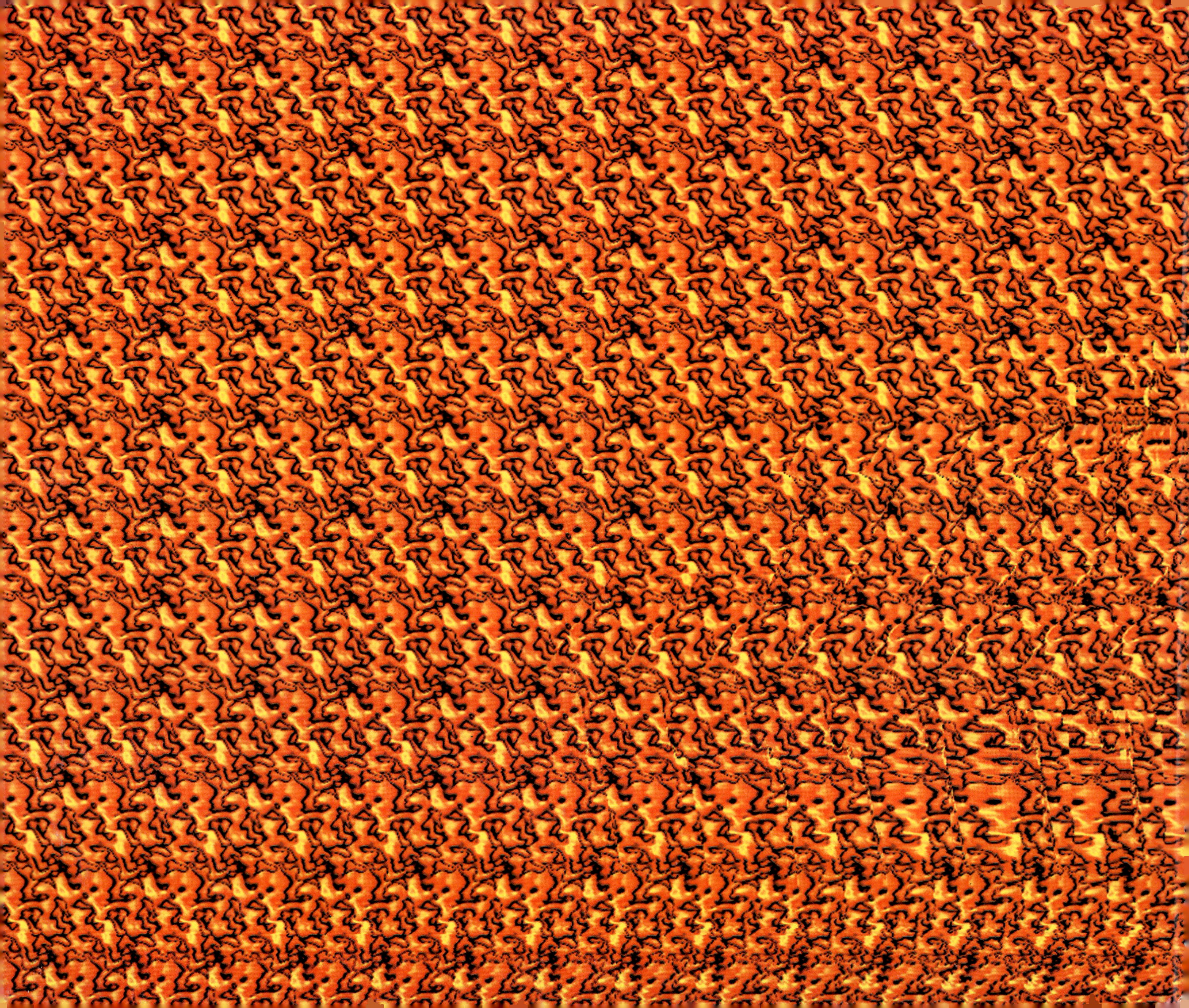